U0008245

世界這麼大，不做自己要幹嘛？

尼采 200 個放飛自我的人生答案之書

尼采（Friedrich Whilhelm Nietzsche）——著

李東旭——編譯

高寶書版集團

PART 2
人性是複雜的，不要輕言善惡

PART 3

每一個不曾起舞的日子，
都是對生命的辜負

PART 4

對待生命，你不妨大膽一點

目　錄
Contents

PART 5
心中充滿愛時，剎那即為永恆

PART 6

做你想做的事，勇往直前地行動

PART 7

多數人貪圖安逸，少數人超越自己

前言

胡適曾經說：「凡研究人生切要的問題，從根本上著想，要尋一個根本的解決：這種學問叫做哲學。」李澤厚說：「讓哲學主題回到世間人際的情感中來吧，讓哲學形式回到日常生活中來吧。」這也是出版本套「答案之書」的根本出發點，讓哲學來解決人生的切要問題，讓哲學家為我們的日常生活提供答案，讓哲學的認知和思維解決我們日常生活中的困惑。

哲學是關於世界觀的學問。當人們擁有了正確的、科學的世界觀，就掌握了生活的智慧。獲得智慧的人也就獲得了直接的人生答案，他們無論從任何角度，都能夠很好地應對生活中的問題，從而把生活引向更好、更幸福的彼岸。

「答案之書」系列之所以選擇叔本華、尼采、帕斯卡三位比較有代表性的西方哲學大師，是因為這三位哲學家的學說有針對性地回答了我們對生活的一系列追問。

　　首先，人活著的終極追求是什麼？

　　幸福是人生的根本追求。叔本華對幸福本源的探索，回答了幸福的真相是什麼，幸福源自哪裡，以及我們如何才能幸福地過一生。

　　其次，一個人應該如何面對自己和生活？

　　尼采就是一個真實做自己的人，他的理論無論是「我是太陽」還是「酒神與太陽神論」，都在幫助人們發現自己，成為自己，即一個人怎樣生活，怎樣面對周圍的世界，如何活成自己最本真的樣子。

　　最後，是什麼決定了人對事物的判斷和處世方法？

　　思維是認知事物的根本，一個人的思維方式決定了他對這個世界的看法和處理問題的角度。優秀的思維方式是一個人無比優越的財富。帕斯卡是一

個很偉大的人，他在多個領域建樹卓著，他設計並製作了一台能自動進位的加減法計算裝置，被認為是世界上第一台數位計算器，我們根據「帕斯卡定律」測算壓力，壓強單位帕斯卡（簡稱帕）即以他的名字命名。他的思維方式對世人影響深遠。

本系列叢書立足普通大眾讀者，輕鬆又包含人生哲理的短篇，恰恰特別符合當下讀者碎片化閱讀的需要。

本系列叢書節選三位哲學大家的思想精粹，直面當下眾多人的人生困擾，簡明地給予答案。

本系列叢書在內容編排方面，以每位哲人的全集原典為底本，精選符合本書主題的內容，擷取精要，分章節編排。每本書排版開闊，讀者可以用輕鬆的心情來品讀，一詞一句，豁然開朗。

書名中的「200」在此處非實指，實際上每本書給讀者的答案和方法遠不止兩百種。萬變不離其宗，從一看到二、三、一百、一萬，這用一個漢字表達，即「道」。本系列叢書想要展現給讀者的，正是

哲學家關於生活的「道」。希望本系列叢書，能讓讀
者以哲學的思維重新認識自己、認識世界，解決日常
生活的煩惱和困惑，擁有更美好的人生。

PART 1

從了解自己開始

絕不可自欺，也不要糊弄自己。
要永遠誠實待己，清楚自己到底是哪種人，
到底有什麼癖好，擁有什麼想法，
會做出哪種類型的反應。

01

一切要從了解自己開始

絕不可自欺，也不要糊弄自己。要永遠誠實待己，清楚自己到底是哪種人，到底有什麼癖好，擁有什麼想法，會做出哪種類型的反應。

倘若你無法了解自己，就不可能感知愛。因此，了解自己是愛和被愛的首要條件。一個連自己都不清楚的人，又何談了解別人呢。

——《曙光》

02

一個人的跋涉

要勇往直前！你歷經艱苦來到此地，萬萬不可經常回望從前，繼續前行吧。

請保持勇氣和無懼之心，就算你身後一位追隨者都沒有，也沒有一個知心朋友，僅剩你孤獨一人。

只有你一人來到此地，不過此地並非目的地，只不過是中轉站罷了。請不停地前行吧，就算目的地是人跡未至之地。

因為杳無人煙的沙漠還不曾看到盡頭。

——《曙光》

03

自己的方式

現在請按自己的方式活著，即便是此後的每一個瞬間都要以這種方式活著，即便永遠按這種方式生活也甘之如飴。

——《生成的無辜》

04

完善自己

萬勿輕視你那得自上天的能力。請相信自己，要借助學習不斷完善自己。只有真正有思想的人，才是內心強大之人，才能無畏無懼。

——《權力意志》

05

尊敬自己，才能擁有改變的力量

切勿妄自菲薄，否則會將自己的思想和行為束縛住。

讓尊敬自己成為一切的開端，哪怕自己一事無成、毫無成就，也要尊敬自己。

倘若懂得自尊自敬，就不會為非作歹，就不會做出招人輕視之舉。

倘若想離自己的理想更近，倘若想成為他人學習的榜樣，那就改變生活方式。

可以大幅地提升自己的潛力，以獲得達成目標的力量。

尊敬自己是讓生活過得更精彩的唯一方式。

——《權力意志》

06

不要太在意自己的名聲

　　塵世之人都對他人對自己的評價相當好奇，都希望自己給他人留下美好的印象，並以此證明自己相當偉大，證明自己被人看重。實際上無須在意他人的評價，要知道那可謂百害而無一利。

　　為什麼這麼說呢？這是由於人總是會做出錯誤的評價，因此想從他人口中得到讓人滿意的答案並不容易，那麼失望就成了很自然的事。為了不讓自己長久鬱悶，千萬不要過分在意自己的名聲，更不要過分在意他人對你的評價。

　　　　　　　　　　　　——《人性的，太人性的》

07

—

別在疲憊不堪時自我反省

或許你習慣在工作結束後進行自我反省，或許你習慣在一天結束時回顧反思。如此一來，你就會發現自己的缺點，為自己的無能而生氣，對他人感到憎恨，並因此心情越發鬱悶。

為什麼會出現這樣的情況呢？這是因為你並非在冷靜地自我反省，只是身心過於疲累而已。

倘若一個人在身心疲累時反省，僅會讓自己陷入鬱悶之中。因此不要在疲累時反省回顧，更不該寫日記。

當你對某件事比較熱衷，或是心情愉快時，是無法進行反省的。這是因為當你認為自己無用或對他人充滿憎恨時，表示你已處於疲累的狀態，此時理應好好休息。

——《曙光》

08

———

为自己設立需要超越自我的目標

你會將個人目標鎖定在何處呢？

你會在設定自己的目標時參考他人的目標嗎？
你會將目標鎖定於只要稍微努力即可達到之處，還是
為自己描繪一個充滿幻想的目標？

不管是怎樣的目標，你都應該將其設定在需要
超越自我才能實現的位置，雖然這樣做的結果是與曾
經的朋友越來越少聯絡。

——《生成的無辜》

09

學會自我表達

對於自己堅信的價值觀或主張，理應將其用言語明確地表達出來。

要向大家清楚明白地介紹自己的信條、意向或意志。

這對於那些膽小、懦弱、察言觀色、無能、模仿他人、態度不明確、無法把握自己的人而言是做不到的。

——《生成的無辜》

10

在缺點中成長

　　每個人都存在各式各樣的缺點。相當多的人都對自己的缺點不滿，因此會故意迴避，而且也不想讓他人看清自己這些缺點。

　　然而，事實上，我們正是在這些缺點中成長。

　　為何如此說呢？這是因為我們正是依靠這些缺點，才能清楚自己改進的方向，才能清楚自己的優點和特長。

——《生成的無辜》

11

保持自己的心

恐懼是世間四分之三的惡業的源頭。

因為恐懼，你會苦惱於曾經發生過的事，你會害怕未來將發生的事。

但恐懼並非洪水猛獸，其扎根、深藏之地就是你的內心。是否將這根毒刺拔出，最終都取決於你——因為只有你才能控制自己的心。

——《曙光》

12

控制自己的情緒

學會自控是獲得真正自由的方法。

倘若一個人的情緒一直處於失控狀態，那這個人就會失去自由，永遠是情感的奴隸。

因此善於控制自己情緒的人才是那些精神自由、可以獨立思考的人。

——《善惡的彼岸》

13

要先學會愛自己

《聖經》中說，我們理應愛身邊的人。

不過，倘若我們無法愛自己，又如何去愛他人呢？

就算是只愛自己一點點，也比不愛好，因此不妨堅定地自愛。

總之，人務必要先學會愛自己。

——《查拉圖斯特拉如是說》

14

最好的自我調節之法是睡眠

當你陷於情緒低潮，厭惡一切事情，做任何事情都沒精神時，應該如何振作精神呢？是參與賭博，是從事宗教活動，是接受當下流行的芳香療法，抑或是吃維他命、外出旅行或喝酒？

相比飽餐一頓後，好好地睡一覺，且比平時睡得更久一點，以上那些方法都是無效的。

當你醒來時，就會發現自己已經改頭換面，充滿活力。

——《漂泊者及其影子》

15

三種自我表現的方法

自我表現即將自己的力量展現出來，其方式大略分為以下三種：

贈送。

諷刺。

破壞。

將愛與憐惜贈送給對方，這是一種展現個人力量的方式；對他人進行詆毀、欺辱和迫害，這是將自我能力展現出來的一種方式。你會選擇哪種方式呢？

——《曙光》

16

發現個人所長是人生最重要的事

人人都有一技之長，而且是獨一無二的專長。

有些人可以較早地發現自己所長，並將其所長加以活用，進而成就個人事業；有些人則終其一生也無法弄清楚自己到底具備怎樣的本領。

有些人憑著個人力量，發現自己所長；有些人則借助於觀察社會趨勢，不斷摸索個人所長。

總而言之，若具備堅強的意志，敢於挑戰，最終必定會發現自己的專長。

——《人性的，太人性的》

17

我們的自我迷失於群體之中

　　人人都認為自己是可以獨立思考、判斷的個體。人人都認為自己有屬於自己的思考方式，而他人具有他人的思考和判斷之法。

　　不過，倘若我們置身於人群之中，或者加入一個龐大的組織，那麼我們就會在某一天發現自己的理解能力和判斷能力都消失殆盡了。隨之而來的就是我們的思想已經澈底被這個集團的思考和判斷方式所改造。

——《生成的無辜》

18

努力自愛

倘若你發現自己出現以下狀況：打算與盡可能多的人維持友誼，急於和剛結識的人成為朋友，孤獨一人時感覺不安，說明你正處於一種危險狀態。

試想，你的行為都表明你希望從他人身上獲得更多安全感，打算從他人身上找到關於真實自我的答案，這說明你內心深處產生的孤獨感和不自信，歸根究柢是你無法做到自愛，你不希望和自己為伍。

實際上，狂歡不過是一群人的寂寞，對你而言，再多的「速食朋友」也無法緩解內心的孤獨。因此，你唯一可做的就是努力讓自己愛上自己。

這件事一定要靠個人努力，要讓自己埋頭於熱愛的某件事之中，要靠個人的力量全身心地打拚，朝著自己的目標前進。如此一來，你才能讓心臟成為你全身最強健的肌肉。

——《查拉圖斯特拉如是說》

19

允許自己慢慢成長

我理所當然地學會了等待，專注地等待。我等待的對象是自己，我等待自己學會站立、行走、奔跑、跳躍、攀爬與舞蹈。

以下是我的告誡：想飛就一定要先學會站立、行走、奔跑、跳躍、攀爬與舞蹈——要知道，沒人可以一下子把事情做好。

對我而言，學會用繩梯越窗，爬上高高的桅杆，在知識的桅杆憩息，是極大的幸福。

那在桅杆上晃動著的小火，雖然僅有一點點微光，但它對遇難的水手、沉船者而言，卻代表了希望！

——《查拉圖斯特拉如是說》

20

你首先要愛自己

　　我願因此高歌一曲，儘管我孤身一人處於空蕩蕩的房間，不過我仍為自己歌唱。

　　當然，和我不同的是，其他人想要唱得好，需要房子裡擠滿人。

　　可以教人飛翔的人必定會將一切地標轉移。因為在他看來，任何標誌都會飛走，他會將大地重新命名為「輕盈之身」。

　　與馬相比，鴕鳥跑得更快，不過牠最終還是會將頭埋進土地深處──人類也是這樣。

　　對人而言，大地和生命相當沉重，倘若想變得身輕如燕，你首先要愛自己。

　　　　　　　　　　──《查拉圖斯特拉如是說》

21

和自己安然相處

千萬不要用患病的、意識不清的愛來愛自己，學會愛自己是一個人首要的任務，要用健康和正常的愛來愛自己。如此一來，一個人才能和自己安然相處，而非飄蕩在外面。

——《查拉圖斯特拉如是說》

22

人人都可以選擇自己的路

我為了實現個人真理而採用不同的方式,讓自己不在一個階梯的高處眺望遠方。

我寧願詢問道路,寧願親自嘗試,而不願詢問他人。

我喜歡的是嘗試和質詢。

這絕對是我個人的喜好,談不上好壞,我並不會因為害羞而刻意隱瞞。

「這就是我的路,你的路呢?」我對於那些向我問「路」的人給出這樣的回答,因為人人都可以選擇自己的路!

——《查拉圖斯特拉如是說》

23

我心安處即安居之所

　　你是否會到相當多的國家旅行，為的是尋找適合自己生活的國度？你是否會走遍世界各地，只為尋找適合自己的安居之處？

　　實際上根本無須如此大費周章，你要做的僅僅是讓自己感到安穩，那就是最適合自己的地方。不管是身處喧囂的城市，還是置身於僻靜的荒野，倘若可以強烈地感受到一股安穩的力量，那就是安居之所。

——《曙光》

24

人生最大的財富是自己

縱然面對相同的事情,有人可以從中汲取很多東西,有人卻僅能汲取一兩件,人們總認為其中的問題就在於能力的差別。

實際上,汲取的目標是自身,而不是事情。在這件事情的觸發之下,只要找到與自身相對應的東西就好。

換言之,與其大費周章地去尋找豐富的資源,不如努力充實自己。這就是提升自我實力、豐富人生的良方。

——《快樂的科學》

25

將心中的猛獸釋放

為什麼無精打采？難道是感到疲勞了？倘若如此，不妨休息一下。將你的大腦放空，休息一下吧。

然後，讓你的身體動起來。隨心所欲地放鬆自己吧。將雙眼閉上，聽從內心的召喚，用你的肌膚去觸碰，用你的身體去感受風、水和陽光，感受夜晚的冷寂和花草的芳香，盡情吃吧，盡情喝吧，盡情叫喊吧，讓你的肌肉全都運動起來。

釋放出埋藏於內心的猛獸。於是你會因為將心中的猛獸釋放出來而恢復精力，獲得新的能量。

——《偶像的黃昏》

26

你處於人生的巔峰狀態嗎

你處於人生的巔峰狀態嗎？

或者說，你發自內心地希望那一時刻到來嗎？

那種只有處於山巔才可以描述出來的感受。

那種只有處於高聳入雲、無法看到頂峰的山巔才能描述出來的感受。

那種只有處於由白雪、雄鷹和死寂構成的山巔才能描述的感受。

——《生成的無辜》

27

追求自我的道路

　　你願意離群索居嗎？你打算追求自我嗎？先駐足聽我講述吧。「離群索居之人極易迷失自我，因此不要和人群隔離。」人們說，「因為你原本就是其中的一員。」

　　你的腦子裡充斥著他們的話，不過你仍舊在堅持「我不想與你的意志保持一致」，借此表達自己的不滿和痛苦。

　　看吧，集體意識是這種痛苦的源頭，你的痛苦中仍舊閃爍著光芒。你還打算心甘情願地走這條充滿磨難考驗、追求自我的道路嗎？那麼請將你的力量和堅持展示出來吧！

——《查拉圖斯特拉如是說》

28

克制是主宰個人行為的前提

千萬不要自以為是。不要認為知道「自制心」這三個字就可以做到自制。要知道，自制一定要付諸行動才行。

不妨要求自己每天克制一件小事。倘若無法做到，那根本無法談自制。一個在小事上都不能自制之人，在大事上更不可能自制。

想要駕馭自己，就要學會自制，如此才能免受盤踞於內心之欲望的控制，也不會被欲望支配，進而真正做到主宰自己。

——《漂泊者及其影子》

29

清楚動機才能找到個人專屬的方向

關鍵在於你根本不清楚自己的「動機」，即你出於什麼動機要做此事？你企圖由此得到什麼？你想成為那樣的人的原因是什麼？你努力朝著那個方向發展的目的是什麼？

你根本不曾對自己的動機深思，當然無法找到正確的方向。

清楚自己的「動機」，就可以立刻清楚接下來的行動。

無須將時間浪費在模仿別人上，找到個人專屬的方向，然後堅定地走下去即可。

——《偶像的黃昏》

30

看看真實的自我吧

　　我們都處於不同種類的事物的包裝之中。

　　不對，應該說我們都認為自己擁有相當多的事物，而且都認為這就是真實的自我，實際上只是因為我們很難把真實的自我與這些事物分割開來。

——《人性的，太人性的》

31

事態發展的狀況掌控於自己手中

我們常常要面對周遭的許多事情。而且，因為我們看待這些事情的方式，這些事情有了價值或色彩。

換言之，倘若我們將其往壞了想，事態就會朝著壞的方向發展。但是，如果想將變壞的事態變好就是一件相當困難的事情了。這都是因為我們在最初處理事情的時候將其往壞了想。

反之，倘若我們最初就將事情往好了想，或許自己在處理這些事的時候也會變得輕鬆起來。

——《曙光》

32

修剪自己的園藝師

花草樹木和籬笆是園藝師修剪和整理的對象。

他們會將多餘的樹葉剪掉，在讓花草可以得到更多陽光照耀的同時，讓其成為自己想成為的樣子。他們將過多的新枝摘掉，僅將那些必要的新芽保留。正是因為園藝師對其精心地照顧和修剪，植物才得以健康茁壯地成長、開花，並在秋季為人們獻上豐碩的果實。

我們也可以如同園藝師一樣，按照個人喜好隨心所欲地「修剪」自己。例如，我們可以用鋒利的剪刀將自己火光般的憤怒、無節制的情感、貪婪的願望、虛榮的內心剪掉，在不受任何人干擾的情況下，對自己的靈魂進行隨心所欲的修剪。

——《曙光》

「這就是我的路，你的路呢？」
我對於那些向我問「路」的人給出這樣的回答，
因為人人都可以選擇自己的路！

PART 2

人性是複雜的，不要輕言善惡

我們可以從笑聲的深度發現一個人的天性。

不過我們無須畏懼笑容。

我們的本性也可以借助其他方式表達。

當人性發生變化時，

笑的方法當然會隨之而改變。

33

—

人性的約定

言語背後的信任是約定的重點。例如平時約定「明天五點見」就意味著二人之間關係的親疏、彼此的信賴和相互間的顧忌。小小的約定包含著相當豐富的內容，簡直可以將其稱為人性的誓言了。

——《曙光》

34

不妨多想一想那些你信任的人

你的不安是源於什麼事呢？或者說，你的不安是因為不清楚自己應該以哪種態度面對人生嗎？

此時，你不妨試著認真地想一想那些自己平時信任的人。

他們正是你心中相當重要的一部分，而你的人生態度與他們的人生態度理應最為接近。

——《生成的無辜》

35

一廂情願的強者

我們因為自己的態度、措辭、行為而看上去如同一個強者。

不過，這或許僅僅是我們一廂情願的看法吧。

這或許是因為這種態度、措辭、行為代表的僅僅是冷酷。

——《生成的無辜》

36

狡猾者的本質

對於那些狡猾、卑怯、奸詐的人的本質，我們幾乎極難理解和看透。我們正是由於無法理解他們，所以認定對方很複雜。

不過事實上，狡猾之人的本質其實很簡單。因為不管何時他們總是想將個人利益放在最前面。

——《生成的無辜》

37

小心狂躁之人

　　人們必須謹慎地面對一個猛烈狂躁之人，如同面對一個企圖殺死我們的人。我們之所以還活著，是因為他沒有殺害的力量；如果目光可以殺人，那我們早就死了。這是一種更殘酷的文化，它將人們的恐懼之心借助體力強勢喚起，並且讓人們將恐懼深埋於內心。那種主人看待僕人的目光是如此冷酷，如此野蠻且古老。

——《尼采文集》

38

微笑是人性的表達

如何借助笑將你的人性展現出來？比如，你之所以笑，是因為嘲笑他人的失敗，還是因為發現了有趣的事情，或者是因為機智？

我們可以從笑聲的深度發現一個人的天性。

不過我們無須畏懼笑容。我們的本性也可以借助其他方式表達。當人性發生變化時，笑的方法當然會隨之而改變。

——《漂泊者及其影子》

39

倘若始終信賴的朋友做了恥辱的事

如果你知道自己一直信賴的朋友做了恥辱之事，你會產生深深的痛苦感，這種痛苦程度比自己做了恥辱之事的痛苦程度更甚，是那麼讓人難以忍受。這是為什麼呢？

或許是因為我們對朋友的那份信賴和同情，那是一種相當濃厚而純粹的情感吧。因為其中不摻雜任何利己成分，只是純粹對朋友的愛。或許正是這個原因，我們才會對朋友做的恥辱之事產生如此大的反應吧。也正是因為這個原因，我們對朋友的同情遠遠超過一般的痛苦。

——《人性的，太人性的》

40

警惕過分熱情的款待

是否有人隨時隨地都對你充滿熱情？倘若有，你必定會相當高興，那個願意對你盛情相待的人也理應是一個相當好的人吧？

但實際上，你對於這種熱情款待感到深深的不安。為什麼會這樣子呢？因為這種款待是消除一個人戒備之心的最佳方法。

真正的朋友無須用如此誇張的款待方式，原因是他們無須借助此種方式來將你的戒備之心消除。

——《曙光》

41

成為富有愛心的強者

成為強者吧！

成為富有愛心的強者吧！

真正的強者，有勇氣對對手的過錯予以寬恕，甚至會將最真摯的讚美獻給對手，只為了祝賀對方的勝利。

——《生成的無辜》

42

我最厭惡之人

不知如何寬恕對方之人，是我最厭惡之人。

——《生成的無辜》

43
—

遠觀才能發現事物的美好

有時我們一定要有更遠闊的視野。

比如，當你與親密的友人之間略微保持距離，然後思念起對方時，你會發現對方更多的美好之處。同理，倘若距離音樂再遠一點，你也會感受到源自音樂的那份深深的愛。

像這樣站在遠處觀察事物，你會發現所有事物的美好之處。

——《曙光》

44

知人善任之人不輕易否定他人

　　知人善任之人，極少對他人直接拒絕或予以否定。這是因為他們具有可以讓被稱為人才的田地更加豐饒的實力，還因為他們擁有絕佳的眼光和技能，清楚如何為之施肥。

——《漂泊者及其影子》

45

學習愛自己的方式

實際上，沒有人想讓我們學習愛自己的方式。這是所有藝術中最複雜、最深刻的一種。

擁有一切的人極其內斂，他們只有到最後才清楚自己的珍貴——這些都是嚴肅精神導致的。

當我們還是嬰兒的時候，就被銬上了相當多的鐐銬：「善」和「惡」，它自稱是天賦。而我們的生存正是因為這些而得以被寬容。

所以，當我們有了孩子，倘若其無法適時愛自己，那麼罪魁禍首就是嚴肅精神。

——《查拉圖斯特拉如是說》

46

卓越之人無法被常人理解

　　卓越之人即擁有傑出才華之人。因為他們始終處於時代的前沿，因此其思考方法、處事方法及行為極難為普通人所理解。

　　一般說來，人們很難理解遠超出自身能力範圍的事情，更不要說去想像這樣的事情。正是這個原因，於是在普通人看來，那些有高度的人就如同怪人一樣，或者他們根本不會吸引普通人的目光。

——《生成的無辜》

47

什麼是奉獻

僅僅做慈善或做些積德行善之事稱不上奉獻。

倘若人們每做一件事都要考慮周全且三思而後行，那就不應該稱之為奉獻。

——《人性的，太人性的》

48

憂傷的人會一直追逐快樂

　　那些遠離工作與生活且整天沉浸於遊玩之中的人，似乎是在樂此不疲地追逐享樂的生活，但實際上他們僅僅是些追求更多享樂、刺激、快感的墮落者。

　　這是因為他們不管做什麼事情都無法體會到真正的快樂，也一點都不能感受到事物的趣味性，所以他們才一直在追尋著快樂。

　　事實上，此類人還不曾遇見或發現真正可以讓自己快樂的事情。

　　　　　　　　　　　　——《人性的，太人性的》

49

具有獨創性之人

具有獨創性之人，並非指可以創造出相當多奇異裝置之人，而是那些可以從老舊、普通到了極點、人們熟知的東西中，運用其獨有的慧眼和極富創造性的大腦，發掘出不為普通人所知的新鮮一面之人。

——《人性的，太人性的》

50

什麼是天才

什麼樣的人才能被稱為擁有上天賜予的才能之人呢？是那種力大無窮之人，還是那種具有超自然能力之人？

不，都不是。此處的天才是指擁有一種獨特的意志，或可以持之以恆地行動的人。總而言之，就是那種擁有相當強的意志並始終向著高處的目標前進的人。

——《人性的，太人性的》

51

會幸災樂禍的人

他們之所以會幸災樂禍，是因為他們不滿於自身存在的相當多不如意、痛苦以及不夠充實之處，或者是因為在其內心深處隱藏著諸多不平與憂鬱。所以當其得知他人的不幸後，那些平日積壓於心中的嫉妒之火就會得到某種程度的平息。

而後，他們會用心將他人的諸多不幸和失敗記住，並將其和自己的情況比較，如果自己的狀況略好些，他們就會認為與他人相比，自己要更幸福一些。總而言之，他們就是那種平時一直向下看，不斷發現他人的不幸、弱點的人。由於經常這樣做，於是其悲喜觀已經歪曲，所以不管他們身處何地，都會不停與他人進行比較。

——《人性的，太人性的》

52

能夠共患難的人

　　兩個無論境遇、身分、性格差別多麼大的人，
倘若共同吃過苦，就會成為具有相似點的同類人。

　　比如，他們一起攀越過高山，一起體驗過疲憊
和奄奄一息的感覺，或者一起嘗過口渴難耐、大汗淋
漓、痛苦難忍的滋味，再或者他們曾一起企盼一件事
情，透過以上經歷，這兩人就會在無形中認定對方和
自己是同類人。

　　　　　　　　　　　　　　　　——《人性的，太人性的》

53

毀滅年輕人的毒藥

相比「與自己意見相左之人」，對「與自己持相同觀點之人」要給予更多尊重，倘若一味地將此種思想灌輸給年輕人，就會造成年輕人一事無成。

同理，倘若向年輕人灌輸幫派觀念、依賴觀念、逢迎觀念，並將之當作好的價值觀，那麼也會教育出一無是處的人來。

——《曙光》

54

倘若動物可以説話

一個可以說話的動物說道：

「哎呀，人類究竟發生了什麼事呀？明明每天可以生活得簡單又開心，為何要擺出一副痛苦的表情呢？究竟人性、道德觀是什麼東西呢？可以當飯吃嗎？不對，不對，就算可以當飯吃也必定不是好吃的東西，否則的話，為什麼一聽到『人』這個詞，其表情就那麼痛苦呢。」

——《曙光》

55

人類的本能

依我看，不管是從善還是從惡的觀點來看，人人都有一個共同的特徵：人人都一直故意，甚至盡力想將人類保存下來。這種特徵並非源自對同類深切的愛，而是源自一種最根深蒂固、冷酷無情、無法征服的本能，即人類的深刻本質。

傳統的價值觀經常簡單地把人分為好與壞、善與惡。不過倘若略加觀察或者對其深入思考，就會發現這種劃分方法並不科學。

就算是人們認定為十惡不赦的人，其內心深處也會產生關心、保護人類的想法（包括被視為榜樣的人物），原因是他是其中的一員。

——《快樂的科學》

56

人格掩飾與人格暴露

　　一般來說，在他人面前，我們的人格或者說作為人的本質不會輕易顯露出來。為什麼這樣說呢？這是由於我們真實的人格被我們的工作、社會關係、頭銜、立場、能力等掩飾，如同化妝一樣。

　　所以說，當我們失去了工作、才能、能力、地位這些可以用來掩飾的工具時，世人才可以完全看到我們真正的人格。

──《善惡的彼岸》

57

我們如何看待他人

你會選擇讓世界看到你的哪一面？或者說，你究竟屬於哪一類人呢？

你會更關注他人的卑賤、惡劣之處，敏感地察覺他人的軟弱無能之處，進而自然地想到他人言行之下的意圖，還是會更關注他人的高尚之處，從而對他人出色的一面發出大聲的感嘆，因而將他人的缺點忽略，進而發現他人可愛的一面？

——《善惡的彼岸》

58

請遠離這類人

熟悉的人中，倘若有做事魯莽之人，或者始終相當冷靜、無動於衷之人，或者有著太多想法之人，或者從不抱怨之人，再或者相當精明之人，你或許並不認為這些人值得你對其加以稱讚。

不過真正危險的人實際上是那些氣量狹小之人。因為一旦與之發生矛盾或者產生糾紛，此類人非常容易走極端。他們不明白在還擊之前要先將那些微小的錯誤行為、誤解、矛盾消除，然後等待時機成熟。

而且此類人一旦產生憎恨之情就無法停止，充斥於其頭腦裡的都是怎樣將對手殲滅的想法。因此，要格外小心這類人，盡可能遠離他們。

——《曙光》

59

喜歡對深刻問題發表意見的人

有這樣一種人，喜歡針對人的生存意義，或者國家的意義，再或者人民的生活等問題發表各式各樣的言論。

那些熱衷於板著臉對此類深刻的問題發表意見的人，經常都是一些無視法律約束或規章制度之人。因為他們的頭腦裡根本不存在這些普通市民平時要遵守的規章制度。

——《人性的，太人性的》

60

人際交往的厭煩

倘若總是吃零食，那麼到了正餐之時就會經常不覺得飯好吃。人際交往也是同樣的道理。倘若平時總是與太多人進行交往，時間一長就會認為這是一件相當煩人的事情。此時，人們就會希望去一個無人之處獨居一陣子。

在此之後，我們再與友人重逢，就會倍感親切。

——《人性的，太人性的》

有時我們一定要有更遠闊的視野。

比如，當你與親密的友人之間略微保持距離，

然後思念起對方時，你會發現對方更多的美好之處。

PART 3

每一個不會起舞的日子，
都是對生命的辜負

人終有一死，所以更要活得快樂。

面對遲早會到達的人生終點，

更要努力向前。正是因為時間有限，

因此更要把握當下的機會。

將那些嘆息與呻吟，全都給歌劇演員吧！

61

請保持樂觀

保持樂觀是一個明智的選擇。

心懷樂觀地面對一切，

這是人生中最偉大的事。

——《漂泊者及其影子》

62

希望之光

倘若你不清楚何為光芒，何為炙熱，就算希望降臨，你也無法明白其可貴之處，你看不到，也聽不見。

——《快樂的科學》

63

生存的根本

職業是生活的支柱，失去了這個支柱，人就無法生存。工作不但可以讓我們遠離罪惡、無聊，還可以為我們帶來疲憊，讓我們獲得相應的報酬。

——《人性的，太人性的》

64

不開始就不會有進展

萬事起頭難。

不過倘若不開始，就不會取得進展。

——《人性的，太人性的》

65

充滿活力的事物，才能產生良好的影響

任何好的事物都能將活力注入人們的心田，或是激勵人們更積極地面對生活。

就算是以死亡為主題的書籍，也可以是激勵人心的好書。相對地，就算是以探究生命為主題的書籍，也可以是低估生命價值的爛書。

不管是言語還是行動，倘若讓人充滿活力，那就是好的。充滿活力的人，也會始終對周遭產生良好的影響。選擇充滿活力的事物，為的是給更多生命注入活力。

——《漂泊者及其影子》

66

為了生存，義無反顧地前進

你想在那裡站到何時？是在等待什麼事情發生，還是在等待他人幫助的到來？

是由於不清楚幸福何時會降臨，於是就傻傻地站在那裡嗎？或是認為當真存在天使或神靈可以將幸福賜予你嗎？你是否認為只需在此一直等候，奇蹟終會發生，從而將處於困境中的你解救出來呢？

不過事實卻是，你的人生就要在等待中結束。你是否應該重整旗鼓，開始你的新生活呢？

而且，在你開始新的生活的那一瞬間，甚至接下來的日子裡，你都可以充分體會到活著的充實與生命的美好。

——《生成的無辜》

67

自由的副作用

　　我當然清楚，你希望變得自由。你必定認為自由是讓你最大限度地發揮才能的條件。不過，真的可以獲得自由嗎？你清楚自由的證明是什麼嗎？自由的證明就是，你會對一切事情失去廉恥感。

——《快樂的科學》

68

因人而異的認識

打算找一個美麗又有教養的人？那就要找到欣賞美景的辦法，也就是只從某種角度看某個地方的美景，換言之，就是放過那個人的全部。

有些人的確極具教養。不過，就像從正上方看到的風景那樣，那個人也不會美麗到可以用「絕景」來評價的程度。

——《曙光》

69

有捨棄，才能前行

人生苦短，即便死神在下一秒發出召喚，也相當平常。因此我們要活在當下，把握到來的機會。

想要在有限的時間裡多做些事情，就要懂得將什麼拋開、捨棄，不過無須煩惱，在你努力行動之時，那些不必要的東西會如同枯黃的樹葉一樣自動離去。

如此一來，我們就能毫無負擔地朝著目標更進一步。

——《快樂的科學》

70

活得無怨無悔

就算人生從頭來過也無所謂，這樣的人生才是無怨無悔的。

——《查拉圖斯特拉如是說》

71

只有在空閒時才能思考人生

儘管思考人生也是極好的事情，不過這樣的事情僅能在空閒時做。

平日裡全神貫注於工作，竭盡全力做著一定要做的事情，將一定要解決的問題解決掉。這才是我們好好對待人生的佐證。

——《生成的無辜》

72

—

以寬容之心接受生命中的每件事

人只要活著，就會面對相當多不得不做、不得不接納的事情，像人際交往、受到關照、幫助他人、處理事情、辛苦勞作、竭盡全力、執著地愛、堅守信念、離別、變動與失去……

也許你會選擇抽身而去，也許你會選擇敷衍了事。不過，我一直認為，我們理應學會用寬容之心接受生命中的所有事情，並耐心地做完這些事情。

此時我們會發現，那些原本我們認為無法做到的事，竟然比想像中容易得多。而後，這些各式各樣的經歷就構築起了我們的人生。

——《生成的無辜》

73

生存不只是活著

所謂生存的力量，並非僅僅指活著，而是生命中昂首向前的動力。這就是被稱為開拓性的不斷前進的永不熄滅的生的能量。

在生存的力量中，對世間的愛、創造和認知的理念構成一個整體，正是它驅使生命不斷向前。

——《生成的無辜》

74

不要沉溺於往事

倘若只是無意間想起過去的美好而心生感慨，那倒無所謂。不過，還是請不要過度沉溺於從前的種種。

過度沉溺於往事，會讓我們的心被往事束縛，如此一來，我們就無法注意到接下來各種新的人生經歷，更不會清楚我們將由這些新的經歷產生新的認知與價值觀。

——《生成的無辜》

75

開啟自覺之門

　　我們已經將許多偉大遺忘了，就如同將許多的善忘卻，僅能遠距離觀望，且它並非來自高尚的一面，而是完全來源於卑微的一面——它是唯一會這樣做的。也許你周圍的許多人只有隔著一段距離觀看，你才能發現他的耐心、魅力和朝氣，那是由於其自覺力被蒙蔽了。

——《快樂的科學》

76

你的人生就是你的生命之旅

去體驗人生吧！勇敢去體驗吧！不要和過客一樣僅用雙眼觀望然後就離去，而是要用自己的全部身心去深入體驗自己的人生。

這並非簡單體驗人生，而是要用心經歷，深刻體會。將自己的全部身心投入自己的人生當中。

因為你的人生就是你的生命之旅。

——《人性的，太人性的》

77

遠離乏味的生存方式

你肯定認為自己是一個強大而勇敢的人。

可是事實上呢？你會因為一點小事而生氣和煩惱。

此外，你必定也為了追求安全且有保障的人生，始終恪守著節約、穩妥的美德。

你不覺得這樣的生存方式過於乏味嗎？

——《生成的無辜》

78

苦難的盡頭

倘若我們一味地逃避那些本應經歷的痛苦、磨難，或是將其置之不理，那麼唯一的結果就是，我們原本的生命力被削弱了。

倘若我們想提升能力，唯有經歷這些磨難。要知道，通往旺盛生命力的道路常常位於苦難的盡頭。張開雙臂，迎接我們的磨難吧，就如同那些勇於向山巔攀登的人一樣。

——《生成的無辜》

79

禁錮即走向滅亡

生活在某個保守部落的人們，每天都固守著先祖制定的道德標準、宗教傳統與生活習慣。由於其固執地堅守著這一切，結果對外界一無所知，自己的小世界將其思想束縛著，以致變得越來越頑固，最終被孤立起來，隨之而來的是部落的人們漸漸老去，最終直至部落消亡。

當然，並非只有部落如此，人也一樣。倘若不去適應變化的世界，不斷提升個人水準，必定無法享受較好的生活。

——《生成的無辜》

80

由漂泊獲得人生的體驗

人生即漂泊，就好像旅人漂泊於旅途中。

漂泊也並不只在平原上。人的一生要翻越數不清的險峻山峰，要穿過漆黑的山谷，要蹚過湍急的河流，還要徒步行走於寒冷的夜空下。

我們擁有豐富的體驗正是因為在人生的旅途中經歷了不同的事。

不過，這些都是自身的人生體驗。我們的人生正是由這些自身的體驗所構成的。

——《查拉圖斯特拉如是說》

81

舒適的生活之道

如何才能讓生活變得既舒適又有趣呢？在這方面不妨向藝術家學習。例如，一個畫家會在意物品的擺放，為此專門將其放在遠處，並選擇斜視的視角，以此增加光線的強度或強調畫面的陰影……

在生活中，我們一般也面臨著此類考驗，像室內的擺設，傢俱一定要擺得有章法才能讓整個生活環境變得和諧、舒服。

同理，生活中的諸多事情和人際相處不妨也參考個人喜好進行設計。

——《快樂的科學》

82

成長帶來的美好體驗

持續成長吧！向著更高的目標成長，不要對當下的高度感到滿足，要持續地向高處努力成長！

不管是作為人類的個體、生命的個體，還是作為成長的個體，我們都應藉由不斷地豐富知識、增加經驗、發揚愛心、經歷苦難，讓自己得到成長。

唯有如此，我們才能用雙眼發現真知，才能發現我們從前不曾看到、領悟到的生命之美。

為了達到這個水準，我們要持續地成長。

——《人性的，太人性的》

83

打破陳腐思想，才能脫胎換骨

蛇不蛻皮的話，等待牠的只有死亡。

人類也是這樣的。如果總是披著陳腐思想之「皮」，其內心就會慢慢腐敗，停止成長，最終走向死亡。

因此我們一定要不斷更新思維，以便脫胎換骨。

——《曙光》

84

沉迷工作，靜候轉機到來

專注地投入工作就沒有胡思亂想的時間了。就某種意義而言，這也是工作帶來的一大好處。

當人生遭遇瓶頸時，可以借助沉迷工作暫時逃避來自現實生活的壓力和煩憂。

當你感到痛苦時，可以試著適當「逃避」。這是因為倘若你繼續努力奮戰下去，其結果就是令自己更加痛苦，而情況不一定會好轉，因此無須強迫自己將一切承擔下來。倘若你可以讓自己沉迷於工作中，轉機必定會到來。

—— 《人性的，太人性的》

85

不要止於計畫

我們在制訂計畫時內心經常雀躍不已。要知道，不管是制訂長期的旅行計畫，還是想像自己理想中的家，抑或是制訂縝密的工作計畫、人生計畫等，都能讓人在興奮中充滿期待。

可是，人生並不能永遠停留在制訂計畫帶來的快樂上，倘若你還活著，就一定要執行計畫。不然的話，就只有協助他人執行計畫的份了。

——《建議與箴言》

86

放慢腳步，慢慢前行

年輕的朋友們，我理解你們的心情，也明白你們所經歷的苦痛。不過，請耐心等候。

不管是打算成為具有影響力的人，還是打算成為掌握真理的學者，抑或是打算成為深諳美學的藝術家，就算你可以立刻進入此階段，我也希望你可以放慢腳步，慢慢前行。

——《人性的，太人性的》

87

衰敗的魅惑

遠處被夕陽渲染的霞光，肌膚好像都可以感受到它的柔美。如此恬靜的黃昏，舒適得可以讓人的一切情緒得到安撫。

這充滿魅力的夕陽美景好像一位知性的長者，又好像一位完成了人生旅程的旅人。

不過，不管是此種獨特的氛圍，還是鵝絨般溫和的態度，它們都證明其精神正步入晚年並開始走向衰敗。

——《曙光》

88

堅持學習，讓生活充滿樂趣

堅持學習，會讓受過高等教育且有知識累積的人不感到無聊，因為他們藉此對事物產生了越來越多的興趣，且這種興趣越來越強烈。

就算他們的所見所聞與他人的一樣，他們也可以輕鬆地從普通的事情中發現意義，以此填補空白的思考。

換言之，有趣的難題點綴著他們的每一天，他們因此獲得知識和充實的生活。對他們而言，世界永遠是那麼有趣，他們自己則如同生活在熱帶雨林中的植物學家。

他們因為生活充滿了探索與發現而感到有無窮樂趣。

——《漂泊者及其影子》

89

─

因與果並不是一一對應的

我們總認為因果是一一對應的。不過，我們理應認識到，所謂因果僅是我們想當然扣上的帽子。

不管是哪種事物或現象，都並非如此單純，也並非僅用原因和結果就可以輕鬆地加以分析。這是因為其間或許有很多肉眼看不到的因素在發揮作用。

看不到那些因素，盲目地認定某件事的因與果，並認為兩者之間存在著必然的連結，這是相當愚蠢的行為。

因此，那種用因果關係來理解事物本質的做法，只是自作聰明之舉。沒人可以保證大多數人的想法就一定是正確的。

　　　　　　　　　　　　——《曙光》

90

把更多知性和感性的元素注入
基本生活中

我們很容易忽視一些常見的事物，即和衣食住行相關的基本生活。甚至有人會高聲宣布，人吃飯是為了活命，為了情欲，為了繁衍子孫。此類人認為生活的絕大部分都是墮落的，和高尚二字沒有任何關係。

實際上，我們理應用更真誠的目光看待基本生活，看待支撐人生的基石。

我們理應多思考、多反省、用心改良，把更多知性和感性的元素注入基本生活中。這是由於我們生存的基礎就是衣食住行，而我們正是因此而走過現實中的人生。

——《漂泊者及其影子》

91

如果怎麼努力都得不到，那就放棄吧

如果努力了，也沒有得到想要的結果呢？我們不能這麼快就放棄，應該繼續努力，直到達到目標為止。

但是，如果怎麼努力都得不到，那就放棄吧。然後，取而代之的是，我們要擦亮自己的眼睛去發現、找到新的目標。

終有一天，我們會找到比當初想到的還要好得多的目標。

——《快樂的科學》

92

憑個人能力去爭取

　　別雙手合十，做出懇求的表情。別認為這就是原本的自己，即便任何事不做也可以心想事成。

　　自己不做任何努力就能從他人那裡索取嗎？倘若無須付出努力就可以得到，那麼得到的東西也不會完全屬於自己。

　　與其如此，不如憑個人能力去爭取。

——《快樂的科學》

93

——

止步不前就有可能淪為墊腳石

原本你與你的諸多好友之間關係異常親近，大家經常互通有無，不過忽然大家都不來往了。而此時你們中的某個人倘若朝著更高的目標前進，你與其他朋友就可能淪為那個人成長的墊腳石。

你們中哪個人是生而就想淪為他人的墊腳石的嗎，或者說有誰最初的想法就是成為他人的墊腳石嗎？

——《快樂的科學》

94

將障礙當作成長的催化劑

只要活在世上，就會遇到無數的障礙。

例如遭遇他人的憎恨、嫌棄、妨礙、妒忌、誣衊、遷怒、暴力、色誘、不信任、貪婪、冷淡對待等。有人慘敗於這些障礙前，也有人將這些障礙變成了其成長的肥料。對後者而言，遇到的這些障礙好也罷，不好也罷，都無法令其受到傷害。因為對他們而言，這些正是讓自己成長為傑出人物的催化劑。

——《快樂的科學》

95

堅持獨立的生存法則

他人的方法可以為我們提供借鑑，卻不應該成為完全的指導，因為人人都有獨立的生存法則。這道理相當簡單，倘若翻閱那些冗長的方法論和數以千萬計的名人傳記，將之與自己做個對比就更清楚了。

你一定要清楚自己的需求，清楚自己想成為哪種人，你的個人特質又是怎樣的？你需要付出哪些努力？倘若你不曾思考過這些問題，那麼顯然你也不會獲得答案。

當你弄清楚了自己的動機，弄清楚了「出發的因」，此後要做的事情就一目了然了，而屬於你自己的人生之路就已在眼前展開，僅需邁步向前即可，根本無須將時間浪費在仿效他人上。

——《偶像的黃昏》

96

人終有一死，因此更要努力

人終有一死，所以更要活得快樂。

面對遲早會到達的人生終點，更要努力向前。

正是因為時間有限，因此更要把握當下的機會。

將那些嘆息與呻吟，全都給歌劇演員吧！

——《權力意志》

97

作為人類的宿命

我們的一生會經歷相當多的事情，並依據這些經驗判斷人生的長短、貧富，甚至充實或空虛。

不過，因為我們的軀殼將我們的靈魂拘束起來，沒有千里眼的我們，無法體驗到更廣的範圍和更遠的距離，當然，耳朵無法聽到一切聲音，手也無法觸摸一切事物。

不過我們仍舊會擅自判斷事物的大小、堅硬或柔軟，甚至還敢於對其他生物做出判斷。我們不僅無視自己能力有限，也不曾意識到個人判斷或許存在失誤，這就是人類無法擺脫的宿命。

——《曙光》

人生即漂泊，就好像旅人漂泊於旅途中。
我們擁有豐富的體驗，
正是因為在人生的旅途中經歷了不同的事。

PART 4

對待生命，你不妨大膽一點

諸多的條條框框將世間眾生束縛住，
要求他們的行為舉止一定要遵照特定的模式。
倘若你當真打算自己生活，
那就應該跳出世間這些統一的思維模式。

98

人的內心

　　認為一切錯誤都在他人的人，經常會因為被他人否定而怒火中燒。

——《尼采文集》

99

成為有思想的人

一個人要是每天不花至少三分之一的時間用來遠離人群、書本和熱情，要如何成為有思想的人呢？

——《漂泊者及其影子》

100

善用本能之人方為智者

不吃食物，身體會衰弱，甚至死亡。連續睡眠不足四天後，就會和糖尿病患者一樣虛弱。如果根本無法入睡，那麼從第三天開始就會出現幻覺，並最終走向死亡。

我們可以在知識的幫助下過更好的生活，我們也可以將知識用於做壞事。由此可見，知識真的是一種相當方便的工具。

儘管我們視本能為野性、野蠻之物，我們卻因其而得以拯救生命。本能是一種具有救濟功用的知性，也是所有人都具備的能力。

本能處於知性的頂端，所以是最知性的東西。

——《善惡的彼岸》

101

看清事物的本質是做出判斷的前提

礦泉湧出的流量多少不一：有的流量洶湧，嘩啦啦不停；有的滴滴答答，時斷時流。

那些不了解情況之人，僅憑流量就判斷礦泉的價值；而熟知礦泉效用之人，則會依據其含有的成分判斷其品質的好壞。

其他事物亦如此，我們不要被外在數量的多少，以及其外表的震懾力所迷惑。對人類而言，究竟什麼是有意義、有價值的品質呢？因此擁有可以看清事物本質的眼力相當重要。

——《漂泊者及其影子》

102

要與時俱進地看待事物

什麼是善？什麼是惡？什麼又是身為人的倫理？這些定義會隨著時代而變化，甚至擁有與其原意截然相反的涵義。

在古代，異端即不符合傳統和習慣的自由行為。此外，惡就是特立獨行的舉動、不合身分的平等、未知的事、陌生的事，甚至無法看透的事。在古人看來，現代相當多極其尋常的行為與想法都是罪大惡極的。

改變觀點就是如此。僅僅靠想像是無法改變觀點的，倘若想改變觀點就需要鑑古知今。

—— 《曙光》

103

從已有思想、理念中發現新知

始終在閱讀、思考的人會因為所見或所聞的新思想、新理論而困惑嗎？

不。與其這樣說，不如說這些新思想和新理論與陳舊的理論契合得如此緊密，就如同一個整體，進而讓我們可以更好地理解它們。

例如，我們對繁星位置的新意義的理解。

——《人性的，太人性的》

104

智慧可以將憤怒平息

易怒是缺少智慧與賢明之人的特點，他們總是急於將滿腔的憤懣與牢騷傾瀉而出。

而隨著智慧的增多，他們的憤懣與怒火就會變得越來越少。

——《人性的，太人性的》

105

讓思想改變遠重於學習技能

打算寫出具有說服力、邏輯性強的文章，僅僅靠學習寫文章的技能是遠遠不夠的。

倘若想改善自己的表達方式與寫文章的水準，不僅需要吸收表達與寫作的技術，更需要讓自己的思想發生改變。

不能馬上理解這個道理的人缺乏理解力，如果始終無法明白，就會被眼前的技術所困。

——《漂泊者及其影子》

106

不曾仔細思考，
再多的體驗也無濟於事

　　體驗的確相當重要，因為人會於體驗中成長。
不過，這並非說你體驗得多就能高人一等。

　　體驗過後，倘若不仔細思考，那麼體驗便會毫
無價值。不管你經歷過什麼，如果不去深入思考，
那就是囫圇吞棗。如此一來，你根本無法從體驗中
學到任何東西，也根本無法掌握任何東西。

──《漂泊者及其影子》

107

與其探究意義，不如活在當下

　　那些探求世界意義的人與探求人生意義的人，以及探求自我存在意義的人，就如同赤手空拳地跋涉在沙漠中一樣吧。

　　這是由於生命的意義既不會存放於任何地方，也不會將自己隱藏起來，因為最初的「意義」根本就不存在。不過所謂的「意義」不存在，也並非指世界和人生都屬空虛。

——《權力意志》

108

學習是優質生活的基礎

足夠的理解力與記憶力是理解並遵守與對方約定的前提。此二者是可以透過鍛鍊獲得的一種知性。

人可以對某個人或是某個遙遠的對象予以同情，是因為我們具備充分的想像力，而想像力同樣是一種知性。

就算你如今所學的東西看似毫無用處，也許這些恰好是令你生活得更好的基礎。

——《人性的，太人性的》

109

冷靜才能做出正確的判斷

　　判斷一個觀點是否為真理並非依據熱情，因為滿腔熱情無法證明這個觀點就是真理。不過可怕的是，此類人相當多。

　　判斷真理也不能依據歷史的長遠、傳統的悠久。如果有人刻意對此點加以強調，那麼他就存在企圖捏造歷史的可能，因此對此類人要多加小心。

——《曙光》

110

智慧是拯救我們的武器

何為智慧的作用？

人生在世，不免要面對數不清的瞬間，彷徨的瞬間、無所事事的瞬間、因為脫離常規而無所適從的瞬間、遭受精神打擊而得不到援助的瞬間。

此時我們就會茫然駐足。不過，我們會因為智慧或是其他的價值觀與思維方式從僵住的瞬間裡獲救。切記，此時可以拯救我們的武器就是智慧。

——《哲學者的書》

111

學習得到的另一些東西

學習可以令我們的知識豐富。不過，認為學的知識無用的人也相當多。這是極其平常的事，因為在短短幾年內是無法學到太多東西的。

實際上，我們借助學習獲得的是另一些更重要的東西。我們借助學習鍛鍊了自己的能力。例如，令我們的觀察、推理以及邏輯思維的能力增強，讓我們的持久力和多角度看問題以及推斷的能力提升。不管是在哪個領域，我們掌握的這些技能都發揮著巨大作用。

——《人性的，太人性的》

112

唯有享受一知半解時的學習樂趣，才能不斷進步

相比能說一口流利外語的人，那些剛在外語上起步，還不能說得很流利的人，更能享受說外語的機會和樂趣。

唯有一知半解之時，才能享受到其中的樂趣。不只是學習外語，所有的初學者的趣味，都令人回味無窮。

這正是人們喜歡學習的原因。就算是長大之後，也可以借助於這樣的樂趣，讓自己找到一技之長。

——《人性的，太人性的》

113

肉體的理性

相當多人認為，在我們的肉體中寄宿著精神和理性，正是它們控制著肉體的行為。

事實的確如此嗎？我們精密運轉的臟器也是在精神或理性的支配下嗎？倘若遇到危險，肉體可以從精神或理性那裡得到躲避的指令嗎？

實際上，早在我們的精神或理性行動之前，我們的肉體已自發做出了對生存最有利的行為。由此可知，我們的肉體原本就滿載著生存智慧的理性。

——《查拉圖斯特拉如是說》

114

跳出僵化思維模式

諸多的條條框框將世間眾生束縛住，要求他們的行為舉止一定要遵照特定的模式。

這些人完全按他人的意志而活，進而喪失了獨立思考與行動的能力。

他們如同已經死亡一樣，按照事先規定好的統一方式思考、與人交際、處理問題。

倘若你當真打算自己生活，那就理應跳出世間這些統一的思維模式。

——《人性的，太人性的》

115

具備海納百川的勇氣

從前靈魂一直認為肉體是粗鄙的，人們常供奉著此種看法，靈魂認為肉體理應瘦弱蒼白，如此才能逃避肉體和大地。

不過靈魂本身就是瘦弱蒼白的！它對冷酷是如此偏愛啊！

不過大家試想一下，肉體又是如何對待靈魂的呢？

難道靈魂並不是貧乏、汙穢又自滿的嗎？

人的一生充滿汙穢，倘若想成為大海，就要具備海納百川的勇氣。

——《查拉圖斯特拉如是說》

116

人生最有力的武器

我們借助慣用的詞彙表達自己的想法。而所用詞彙的程度與思維的容量呈正比例的關係。

詞彙運用得越多，產生的想法就越多。產生的想法越多，思考的範圍就越廣，獲得的可能性就越大，這是人生最有力的武器。

你的人生之路會因詞彙的增多而更加寬廣。

——《曙光》

117

先讓自己的內心豐富起來

我們經常在日常生活中將自己的想法和感受告訴他人，或僅在頭腦中思考。我們始終樂觀地認為，可以將自己的想法表達出來，並且被對方接受。

不過，我們只會將自己的想法用自己現有的詞彙加以表達。也就是說，那些詞彙掌握得較少的人會表達得比較差，甚至根本無法將想法或感覺表達清楚。同時，這也決定了個人的思想和心靈的語言。那些詞彙掌握得較少的人，其思維和內心自然也相當貧乏。

與傑出的人交談，可以提升語言能力，從而讓自己的頭腦與心靈豐富、充盈。

——《曙光》

118

能讓你獲得解放之人，
才是真正的教育者

當真是除非上好學校，否則就無法遇見好老師，接受好的教育嗎？

你希望從老師那裡學到什麼？你希望接受怎樣的教育？學校和老師不同，學生的收穫也不同嗎？

實際上，真正的教育者並非擁有顯赫的頭銜和豐功偉業之人，而是可以幫助你將潛力發揮出來的人。換言之，真正的教育者應該是可以讓你獲得解放之人。因此，真正的教育者是可以讓你自由自在、充滿活力地發揮能力之人，你理應去這樣的人任教的學校。

——《教育家叔本華》

119

學習並非僅為模仿

古希臘高度繁榮的文明之所以能經久不衰，就是因為他們不但知道吸收外國的文化與營養，而且還能學以致用，且將其發展得更好。

多元化的學習是基礎。學習並非僅為模仿，更是為了將外國文化當作一種教養，將其當作養分來澆灌自己。現世也是這樣，僅僅追求眼前利潤的經濟活動根本不可能通往繁榮與發展之路。

——《備忘錄》

120

怎樣讓思想獲得自由

你在何處獲得自由？與查拉圖斯特拉有怎樣的關係？想要自由的原因之一是疑惑之光在你的眼中閃爍。

是不是倘若你擁有善與惡的判斷標準，你就可以如同法律一樣對個人意志加以管理，可以對自己加以判斷，並抱怨自己的法律不公正？

像戒律一樣要求自己和復仇者獨處是一件相當可怕的事，這就是地球被投射到廣闊而孤獨的太空中的原因。

如今，儘管你這個獨立者還不受人歡迎，但你卻能保留十足的勇氣與希望。

——《查拉圖斯特拉如是說》

121

僅有理想是不夠的，
還要找到通往理想的道路

　　僅有理想是不夠的，一定要憑藉個人的力量，找到通往理想的道路。不然的話，自己的行動、生活方式就會永遠無法確定下來。

　　倘若你認為理想是和自己毫無關聯、遙遠的星星，那麼你就會迷失自己的路，最終僅能獲得悲慘的結局。或許一個不小心，相比那些毫無理想的人，你的人生甚至會更加支離破碎。

──《善惡的彼岸》

122

擁有學習熱忱之人，生活永遠充滿樂趣

那些在持續地學習、累積知識，並將知識提升為教養與智慧之人，生活永遠充實，原因是他們內心學習的興趣越來越強烈。

就算他們具有不同於他人的見聞，他們也可以輕鬆地從中找出教諭與關鍵，輕鬆地發現獨特的思維。

他們每天都享受著解謎的樂趣，並從中獲得知識，過著充實而有意義的生活。對他們而言，世界永遠是那麼新奇，永遠是那麼有趣，他們就如同置身於叢林中的植物學家。

正是因為每天都會有新的發現與探索，所以他們的生活永遠那麼充實。

——《漂泊者及其影子》

123

抽離一點，更能看清事物的本質

就如同莫內的點彩畫，倘若近看，實在無法看懂畫的內容；只要略微站遠一點去欣賞，你就可以看出畫裡的輪廓。

身處風暴中的人也是如此，距離越近反而越不知道怎麼辦，倘若略微抽離一點，就可以發現問題的根源，找到事物的核心。

這種手法就是將複雜的事物簡單化。有些人之所以被稱為思想家，就是因為他們會先用此種手法將複雜的事物簡單化，將核心抽離出來，因而與其他人相比，他們更容易看清楚事物的本質。

——《快樂的科學》

124

檢測你的精神層次

那些追求更好的生活之人，其精神在每個發展階段所追求的價值目標都不同。換言之，精神在不同階段所追求的最高道德並不一樣。

在第一階段的精神中，最高道德就是「勇氣」。

在第二階段的精神中，最高道德即「正義」。

達到第三階段的精神，最高道德即「節制」。

在最後的第四階段的精神中，最高道德是「智慧」。

請捫心自問，如今，你的精神正處於哪個階段呢？

——《漂泊者及其影子》

125

無須炫耀智慧

　　如果你無意中炫耀了自己的智慧，你早晚會遭遇各種挑釁或反抗，這對你必定是百害而無一利的。

　　因此最聰明的做法是和普通人一樣，喜怒哀樂形於色，偶爾與大家同樂。如此一來，你才能將自己的聰明才智掩飾起來。要知道，只有具備聰明人特有的冷靜思考，才能不傷害到他人。

——《漂泊者及其影子》

126

全身心地體驗才能增長智慧

　　僅僅靠學習與閱讀是無法變聰明的，人只有經歷過各種事才會成長。當然，並非所有體驗都是無害的，體驗中也潛藏著危險，稍不小心就會中毒，甚至上癮。

　　體驗時，專心是最重要的，千萬不要中途停下來觀察自己的體驗，不然就無法用心體驗整個過程。

　　而且還應於體驗之後，進行反省和觀察，如此才能增長智慧。

——《漂泊者及其影子》

127

賦予自己才能

你不該為了自己不具備才能而悲觀。

倘若認為自己不具備任何才能，那就去學習一種。

——《曙光》

PART 5

心中充滿愛時，剎那即爲永恆

愛是喜歡與自己截然不同之人，
喜歡對方的真實狀況。
就算對方的感受和自己的截然不同，
也能喜歡對方的那份感性。

128

痛苦帶來生命的曙光

在極端痛苦中，一個靈魂為了承受這份痛苦，將會發出嶄新的生命光輝。

就是這股潛力在新生命裡的發揮，使人們遠離在極端痛苦時升起的自殺念頭，讓他得以繼續活下去。

他將別於健康之人的心境，他鄙視世人所認同的價值觀，從而發揮昔日未曾有過、最高貴的愛與情操。這種心境是曾體驗過地獄烈火般痛苦的人所獨有的。

——《曙光》

129

愛的能量

愛擁有一雙眼睛，可以發現人心中的美好。愛擁有一種欲望，渴望將一個人盡可能地抬高。

—— 《曙光》

130

愛是人存在的動力

　　忘記愛人的方式。接著，你便會將自己心中值
得珍愛之物忘卻，進而無法愛自己。於是，你就無
法繼續做人。

——《曙光》

131

愛對方的真實

愛並非占有年輕貌美之人，也並非絞盡腦汁地將優秀之人納為己用，進而操控、影響對方。

愛也並非尋找、分辨與自己相似之人，更非全然地接納喜歡自己之人。

愛是喜歡與自己截然不同之人，喜歡對方的真實狀況。就算對方的感受和自己的截然不同，也能喜歡對方的那份感性。

愛並非用來填補兩人之間的差異，也並非強迫其中一方委曲求全，那種可以喜歡彼此的差異的愛，才是真愛。

——《漂泊者及其影子》

132

勇敢去愛，主動去愛

倘若你為愛所苦，那麼唯一的治療方法就是勇敢去愛，主動去愛，愛得更多、更溫暖、更堅定。

唯有愛，才是治療愛的靈丹妙藥。

——《曙光》

133

學習怎樣去愛

面對首次聽到的音樂，我們不要因為不熟悉旋律而討厭它，理應告訴自己要盡量聽完。

唯有反覆聽幾遍，你才會慢慢熟悉它，漸漸發現其魅力，進而挖掘其內涵與美，並最終愛上它，使之成為自己生命過程中必備的一環。

不僅僅是音樂，我們如今所愛的事物也是由最初接觸時的陌生，再一路學習怎樣去愛的。無論是愛工作還是愛自己，當然愛上一個人也包括在內，學習怎樣去愛就對了。

愛總是於崎嶇的學習之路的盡頭出現。

——《快樂的科學》

134

愛是真正擁有創造力的源泉

愛是生命的唯一嚮導。

只有愛才可以將被歪曲了的事實還原，並對其加以修復、調整，使之重新開始。

愛是真正擁有創造力的源泉，唯有愛是指引萬物的嚮導。

——《生成的無辜》

135

執著之愛的危險

並非說愛得越激烈、越純粹就越好。這就如同是自己的主觀臆想導致對某人的愛不斷膨脹，進而變成狂熱的愛。

這種臆想就是，不管怎樣，僅有特定的某人才可以回應自己熾熱的感情，也唯有那個人才可以將自己從愛的困窘中解救出來。這是一種近乎瘋狂的執著之愛。

所以，倘若對方不曾給你回應，你就會感到痛苦無比。而倘若對方給了你回應，那麼最終等待你的將是臆想的幻滅和無盡的失望。

出現這樣的結果的原因是什麼呢？這是由於對方賦予你的現實的感受，遠非你所期待的那份虛幻的、狂熱的、充滿激情的愛。

——《生成的無辜》

136

以愛為出發點的事情

以愛為出發點的事情和道德沒有關係。

與其說是道德，還不如說是由於信仰。

——《生成的無辜》

137

愛的同一性

行為是可以約定的，而感覺不可以，因為意志是無法驅動感覺的。

因此，我們不能和他人約好始終愛下去。不過，愛不只是感覺。愛的本質是愛這一行為本身。

——《人性的，太人性的》

138

善和愛的可貴

作為人與人交往中最神奇的靈丹妙藥和最偉大的力量，善與愛是相當珍貴的創造，以至於人們會希望，這些鎮痛劑可以最大限度地得到利用，不過這是無法實現的。對烏托邦主義者而言，善的經濟學是他們所做的夢中最敢想的一個。

——《尼采文集》

139

愛和希望永遠相伴

　　你想在高處自由自在。在如此年輕時產生這樣的想法，你會面臨相當多的危險。

　　不過，我熱切地希望，你會永遠擁有愛和希望，也認真地為你祈禱，希望你會一直在靈魂高尚的英雄的隊伍中。你會一直是最神聖的希望之峰。

　　　　　　　　　　　　——《查拉圖斯特拉如是說》

140

愛令人成長

在你愛上某人之後，你會努力將自己的缺點或短處隱藏起來，不讓對方察覺。這並不是虛榮心作祟，僅僅是不想讓所愛之人受傷罷了。

接著，你會盡可能在對方發現自己的缺點、心生厭惡之前糾正這些缺點，於是人借助愛慢慢成長起來，最終成為越來越接近神明的完美之人。

——《快樂的科學》

141

愛的方法也會改變

年輕時，人對新鮮、有趣、奇特的東西比較喜歡，根本不在意它的真假。

等到略微長大一些，人就會喜歡上探究道理及真實的東西。

等到更成熟些，人就會愛上在年輕人眼裡單調無趣、讓他們根本提不起勁的深奧真理。這是因為人發現真理常常會用最單純的話語，將其中最深奧的涵義指出。

人也會隨著內涵的提升，改變愛的方法。

——《人性的，太人性的》

142

愛如雨下，灑在好人和惡人身上

為什麼與公正相比，人們更歡迎和重視愛呢？

為什麼人們喜歡談論愛，不停地讚美愛呢？與愛相比，公正不是更知性，不是比愛更聰明嗎？

正是由於愛是如此愚蠢之物，才能令所有人都感覺舒服。愛始終手捧著無盡的鮮花，如同傻瓜一樣，大方地與人分享。不管對方是什麼人，就算是一個不值得愛之人，就算是一個做事不公正之人，就算是那種接受他人的愛卻不感恩之人。

愛如雨下，會灑在好人和惡人身上，不分對象。

——《人性的，太人性的》

143

愛就是關注人們心中的美好

愛擁有一雙可以發現人們心中的美好，並對其
持續關注的眼睛。愛還擁有渴望，可以令人內在的
欲望不斷提升。

——《曙光》

144

愛與善惡無關

　　何為善？何為惡？我們的頭腦是可以思考這些的地方。不過，人是有生命的個體。我認為，相比於頭腦，愛更應該源自我們的身體。

　　因此，因愛而做的事情，和善惡無關。愛在產生善惡觀之前，業已成為人作為生命個體的一種本能。

　　所以說，任何愛的行為都與善惡無關。

——《善惡的彼岸》

145

愛的力量可以將人性的光芒挖掘出來

倘若真的被愛的話，人就會因此慢慢地發生改變。

人們會因為被愛而展現出過去不曾為大家所見過的、深藏不露的長處，在愛的神祕力量下，這種作為人類所特有的閃光一面會慢慢地展現出來。

正是愛的力量讓人們將閃光點挖掘出來。

——《善惡的彼岸》

146

見異思遷的愛

　　原本愛得欲罷不能，一旦得到後，最初的那種熱情和興致又消失得無影無蹤。然後，心意又會轉移到其他的人或物上。

　　請問這裡面存在愛嗎？

　　有。這裡存在的只是對自我欲望無止境的愛。

——《善惡的彼岸》

147

主動去愛之人和渴望被愛之人

主動去愛之人，會在對方面前呈現出真實的自己。

渴望被愛之人，則會按對方所願對自己進行包裝後，虔誠地獻給對方。

——《生成的無辜》

148

愛發揮作用之地

善惡的彼岸，是一個完全超脫善惡判斷與道德之地。

由愛出發的任何事情都會發生於此地，由此可見，愛的行為凌駕於一切價值判斷和解釋之上。

——《善惡的彼岸》

149

占有欲不要過度

占有欲並不是罪無可恕的東西，因為它可以讓人工作賺錢。憑藉金錢，人們可以過豐衣足食的日子，還可以獲得自由與獨立。

人需要錢並不存在很大的問題，不過一旦占有欲過度，人類就會成為它的奴隸。為了賺得更多的金錢，人們就開始驅使一切時間與能力。你會因為占有欲太盛而得不到任何喘息之機。

——《漂泊者及其影子》

150

沒有喜歡，何來愛

　　你是否在等待那個正確的人出現？是否打算找一個情人？是否希望有個人深愛著自己？這真是最自以為是的想法。

　　你是否曾努力讓自己成為被更多人喜愛的好人？

　　還是你認為自己只要獲得一個人的愛就可以了？不過此人也是人群中的一員啊！倘若無人喜歡你，又有誰會愛你呢？喂，你還不清楚嗎？你從最初就是在強人所難啊！

　　　　　　　　　　　──《人性的，太人性的》

151

愛不同於尊敬

尊敬代表著和對方之間有一段距離，其間還隔著被稱為「敬畏」之物，代表你與對方之間是從屬關係，二人在實力上存在差距。

不過，愛不在意這些，無上下之分，也不存在所謂實力的差距，因為愛可以包容一切。

因此，愛面子的人不太可能接受愛，與他人的尊敬相比，他們對他人的愛沒那麼渴望。

自尊心強的人也不易接受愛。儘管人人都希望被愛、受他人尊敬，不過選擇愛，難道不輕鬆得多嗎？

——《人性的，太人性的》

152

愛就是寬恕

愛即寬恕。

愛甚至可以包容情欲。

—— 《快樂的科學》

153

有人陪在身旁是最美妙之事

有人陪你一起沉默是一件美好的事。

比這更美妙的是有人和你同樂，有人和你共同生活，經歷相同的事和感動，同哭，同笑，度過同一段時光。

難道世上還有比這更美妙的事嗎？

——《人性的，太人性的》

154

悦人亦悦己

取悦他人，自己也會因此充滿喜悅。

不管是多麼微小的事情，倘若可以讓他人喜
悅，便可以讓我們的內心充滿喜悅。

——《曙光》

愛如雨下，會灑在好人和惡人身上，不分對象。

PART 6

做你想做的事，勇往直前地行動

在實際做事的時候，沒有必要過分在意常識和規範。我們應該毫無遲疑地、認真地做自己想做的事情，而將那些阻礙、無用的東西統統拋掉。

155

——

行為的發端

　　虛榮導致極端行為，習慣產生中庸行為，恐懼導致小題大做。

——《人性的，太人性的》

156

工作令人強大

　　強者是可以專注於工作之人。此類人，遇到任何事情，都無畏無懼。他們不會慌張，不會戰慄，不會驚慌失措，更不會煩躁不安。

　　這是因為他們的人格與心智在工作中得到鍛鍊，進而讓其成為這世上領先於他人之人。

——《快樂的科學》

157

成功者也有缺點

　　成功者好像在所有方面都高人一籌，而且腦子快、效率高，運氣也好，相比他人，做任何事都又快又準。事實上，他們和普通人一樣，存在缺點與弱點。

——《漂泊者及其影子》

158

從點滴做起

慢性病是每天重複著不起眼的小毛病導致的禍根。

心理上的習慣同樣如此，也會令自己的靈魂或是更加健康，或是產生疾病。

與其一直以冷言冷語對待周圍的人，不如讓大家都高興些。

此舉不但可以治療你的靈魂，而且對你周圍的人而言，也會令其心境更好。

—— 《曙光》

159

不一定要遵循別人的思維模式

儘管我們在出席宴會時，要求有一定的禮節模式，不過這並不等於在思考和感受上也要有一定的模式。

例如在發生、遭遇某些事情時，並不曾要求我們一定要有固定的感受或遵循固定的思考問題方式。當然，我們也並非一定要採用和周圍人相同的思維模式。

——《人性的，太人性的》

160

主動和朋友交流

嘗試著和朋友多多交流吧！你們可以隨意聊天，天南地北都可，不過絕對不是閒聊，而是聊些你想相信的事。借助於和朋友推心置腹地交流，你可以清楚自己究竟在想些什麼。

當你將對方視為朋友時，那就代表你對他心存一定程度的尊敬，對其人品有著憧憬之情，由此你們才能成為朋友，才能彼此交流、互相尊重，這對你人格的提升相當有益。

——《查拉圖斯特拉如是說》

161

你需要的是可以
令自己成長的人際關係

年輕人驕傲自滿的原因是他們還一事無成，還和一群與自己相差無幾的傢伙為伍，就自認為高人一等。

如果陶醉於此種錯覺中，不但會浪費大好時光，還會為自己招致極大的損失。

因此最重要的事，就是找到利於自己成長的人際關係，多與那些憑藉個人實力取得一番成就的人交流。

如此一來，從前那個驕傲自滿、虛榮、毫無內涵可言的你就會消失，你就會知道當下究竟應該做些什麼。

——《人性的，太人性的》

162

溝通需要技巧

向他人傳達某件事時，需要一定的訣竅。倘若是一件從未發生的事，或者是會令對方感到驚訝的事，那麼就當作此事已經眾人皆知，然後用相當尋常的語氣傳達給對方，如此才能令其坦然接受。

不然的話，對方或許會由於自己的無知而自卑，甚至由此遷怒告知者，也就不會接受這一件事。

此訣竅不僅可以大幅度提升溝通的品質，而且是分工合作時事關成敗的因素。

——《曙光》

163

不要總是想著他人怎麼樣了

　　不要妄加評斷他人如何，也不要對他人存在的
價值肆意評估，更不要在背地裡說長道短。

　　不要總是想著他人如何。

　　盡可能避免做此類無謂的想像。

　　如果可以做得到此點，那就證明你是一個好人。

——《曙光》

164

學會適當隱藏，
才能將領導魅力發揮出來

想讓別人認為你是一個極有領導力、極富內涵之人，僅需學會適當隱藏。不要將自己的一切公開，要讓他人認為你是一個深不可測之人。

這是因為在相當多人的心目中，深不可測的事物是極其神祕與深邃的。就如同池塘或沼澤，越是混濁就越無法看到底，人們就會認定它很深，於是心生恐懼。同樣的道理，面對具有領導氣質之人時產生的恐懼，也具有相同的效果。

——《快樂的科學》

165

要贏就要贏得澈底、贏得漂亮

勉強勝過對手一點也不光彩。倘若要贏，那就一定要贏得澈底、贏得漂亮。

如此，對方才不會不甘心地想「差一點就贏了」，也不會因此自責，反而會欣然讚許對手的勝利。

不管是迫使對方出醜的險勝，還是靠耍手段贏來的勝利，都是留下遺憾的贏法，贏得一點也不精彩，這並非贏家應有的氣度。

——《人性的，太人性的》

166

當說之時，莫遲疑

我們在何時應該說話呢？

此處指的是一定要說些什麼的時候。

此時，理應說些什麼呢？

此時我們僅需自然而平淡地敘述我們做的事、克服的困難即可。

——《人性的，太人性的》

167

無法言盡的事實

就算你一心一意地想將內容說清楚，不過仍感到有不曾說到之處。儘管你已經將自己的體驗做了詳盡的說明，不管用怎樣的詞語加以描述，也存在表述不清之處。語言僅能讓聽者聽到一個大概的、平均的、中心的內容和意義。

而聽的人，也僅能對你說的內容產生一個大致的印象。不過倘若事後聽者也親自體驗了的話，那麼借助於這些體驗，他們就會加深對之前聽到的內容的理解。

——《偶像的黃昏》

168

用行動贏得信賴

　　在現代，那些贏得他人信賴之人並非那些到處宣揚自己值得信賴之人。這是因為會說這些話的人，不是超級自戀狂，就是由於太愛自己而無法認清自己。而大部分人也相當明白，人類到底有多脆弱。

　　倘若要贏得他人的信賴，無須用言辭強調，而應用行動示人。而且，最能打動人心的是在進退維谷時的真摯舉動。

——《漂泊者及其影子》

169

內在更有說服力

　　人云亦云的永遠是人群中的大多數，他們無法拿出具體的證據。例如在一項提案裡，持反對意見的人也許主要是因為受了陳述提案人的口氣或者當時氛圍的影響。

　　很明顯，它以此吸引更多人來同意你的小謀略。例如表現手法、說服方法、運用什麼樣的語氣，這些技術上的問題解決起來相當容易，不過沒辦法改變的是陳述者外在的容貌、生活態度、人品。

　　　　　　　　　　　　——《人性的，太人性的》

170

正視自己的缺點與弱點

　　成功者不但不會將自己的缺點與弱點隱藏起來，而且會將之偽裝成自己的強項，這正是他們比普通人更老謀深算之處。

　　成功者可以做到此點的原因就在於，他們對於自己的弱點與缺點相當清楚。大部分人無視自己的缺點，而成功者卻可以正視與理解個人缺點，這就是他們與普通人截然不同之處。

　　　　　　　　　　　　——《漂泊者及其影子》

171

無須為不曾做過的事後悔

　　人是一種不可思議的生物，總是隨心所欲地判斷行為的大小，例如：完成一件大事，或是僅僅做了一些小得不能再小的事。

　　更讓人無法理解的是，人會為自己不曾做過的事情後悔。明明自己不曾做過，卻發自內心地認為自己錯過了一件大事，甚至懊悔地認為當初自己倘若做了，必定會有巨大的轉變。人認為自己可以對行為的大小進行判斷，甚至認為那所謂大小即真相。

　　其實他們不清楚的是，自認為的小事，對別人而言，或許就是一件大事。反之亦然。總而言之，對過去的行為進行評判沒有任何意義。

　　　　　　　　　　　　　──《快樂的科學》

172

找到你的人生扶手

走在溪邊小徑或是橋上，一不小心就會摔下去，因此路旁和橋上都設有扶手。不過一旦真的發生事故，扶手或許會與你一起掉落，因此即便有扶手，也無法確保絕對安全。然而，你至少會因為這個扶手，安心一些。

父母、師長、朋友就如同扶手，都是可以讓我們安心、受到保護、得到安全感的人。你或許無法百分之百地依賴他們，也或許無法得到完全的協助，不過對我們而言，他們卻是我們心靈最大的支柱。

年輕人特別需要如同扶手般的心靈支柱，這並不是由於年輕人比較脆弱，而是因為這樣可以幫助他們度過更美好的人生。

——《人性的，太人性的》

173

為夢想負責的勇氣

我們會為自己的過失負責，何不為夢想負責呢？

那不是你的夢想嗎？那不是你一直聲稱要完成的夢想嗎？難道你的夢想就如此脆弱，難以實現嗎？

那難道不是你獨有的夢想嗎？倘若你最初就不打算為自己的夢想負責，那夢想就永遠無法實現。

——《曙光》

174

真正聰明的人懂得「藏鋒」

一個人只有聰明機智是不夠的，還要懂得隱藏鋒芒。在他人眼中，僅會耍聰明的人一點都不帥，反而會遭到輕視，會因為稚嫩被人嫌棄，因此「藏鋒」是相當必要的。

相比只會耍聰明的人，大智若愚的人更有魅力，更能廣結善緣，因此更容易得到別人的幫助，也更能占便宜。

——《玩笑、欺騙與報復》

175

不要吹噓自己的人品

人品相當重要。人們贊同的並不是此人的意見和想法，而是此人的人品。

人品是無法偽裝的，也無法表演。即便一直在吹噓自己人品有多好，也不可能獲得他人的信任，人們反而會對那些默默行善的人充滿信任，表示贊同。

——《快樂的科學》

176

可以自控，才能獲得真正的自由

易怒、神經質的人，天生就是此種個性，極難改變。就如同俗語所說：「江山易改，本性難移。」

不過憤怒僅是基於一時衝動，還是可以自控的。將憤怒直接表達出來，極易給人留下急躁的印象，不妨換個方式發洩情緒，或是將怒氣克制住，等待氣消。

不僅怒氣可以控制，內心湧現的情感與情緒也可以自由控制，這與動手修整庭院裡的花草和採摘果實的道理相同。

—— 《曙光》

177

勿固執己見

　　一個人固執己見的背後，常常隱藏著幾個理由。例如：因為某個見解僅自己想得到，所以相當驕傲自滿；或是想到自己費盡心思才想到此見解，當然想獲得一些回報；抑或是認為僅有自己才能領悟到這麼高深的見解。

　　不過要切記，有相當多人可以憑直覺感受到固執己見之人的心態，他們會條件反射地對此種人產生厭惡之情。

——《人性的，太人性的》

178

盡可能用格調高的措辭

我們使用的語言擁有獨特的味道，而且，存在搭配起來相當和諧的措辭，也存在搭配起來相當不順耳的措辭。

清楚了這點後，我們在運用語言時就理應更加敏感，多體會其涵義，盡可能使用更得體、更有格調的措辭。

——《人性的，太人性的》

179

最好的出擊是說出本質與真相

你究竟是由於何種原因想對你的對手加以斥責或是予以中傷呢？

你的最終目的是令其受傷嗎？倘若如此，那就容易多了。你既不必出口辱罵，也不必誇大其詞。你僅需將事情的本質和真相說出，這就是最好的出擊。

——《生成的無辜》

180

「惡與毒」可以令人更強

高聳入雲的大樹可以避開惡劣的氣候嗎？

倘若沒有大雨、豔陽、颱風、雷鳴閃電的「蹂躪」，稻穀能長出飽滿的稻穗嗎？

人生中存在不同類型的「惡與毒」，倘若不存在這些負面因素，人會成長得更健全嗎？

憎惡、嫉妒、固執、疑神疑鬼、冷漠、貪婪、暴力，或是諸多不利的條件、眾多的障礙，都是煩惱的根源，不過少了這些負面因素，人就可以變得更強嗎？

不，正是因為存在這些「惡與毒」，人才能獲得克服的機會與力量，才得以堅強地活在世上。

——《快樂的科學》

181

發現別人的優點

觀察別人時，理應著眼於別人的優點。

如果只盯著別人的低劣之處，那就表明你的狀態也不是很好，這就是說你希望藉由發現別人的缺點，將自己愚蠢又不努力的事實避開，自欺欺人地以為自己高人一等。

而且，最好不要和不願意發現別人優點的傢伙扯上關係，不然你就會和他一樣粗鄙。

——《善惡的彼岸》

我們會為自己的過失負責，何不為夢想負責呢？

PART 7

多數人貪圖安逸，少數人超越自己

倘若可以蓬勃地生活，
那麼你生命的意義就會閃爍出光芒。
倘若消沉地活著，就算是在盛夏的正午，
你的世界也會暗淡無光。

182

成功是努力的成果

成功不存在偶然。

即使有些勝利者謙虛地說自己的成功源於偶然。

——《快樂的科學》

183

蓬勃地生活

倘若可以蓬勃地生活，那麼你生命的意義就會閃爍出光芒。倘若消沉地活著，就算是在盛夏的正午，你的世界也會暗淡無光。

——《權力意志》

184

超脫世間的人生態度

我們活於世間，也要超脫世間。

所謂超脫世間，即不讓情感的波動左右自己。不讓情感左右自己，才能駕馭名為「情動」的烈馬。

如果可以做到這一點，時代潮流就不會影響你。你才可以擁有堅定的信念，堅強地活下去。

——《善惡的彼岸》

185

片面追求安定只會讓人與組織腐朽

儘管聲稱「物以類聚」，不過想法相同的人倘若聚在一起，互相認同，聊以獲得滿足，結果僅會形成一個舒服的封閉空間，從而讓新的思維與創意無法產生。

而且組織中的年長者如果一味偏袒和自己看法相同的年輕人，那麼無論是年輕人，還是組織，終會一事無成。

對反對意見與獨特的新點子心存畏懼，僅追求安定的態度，只會讓人和組織加速頹廢與毀滅。

—— 《曙光》

186

無須討好所有人

倘若對方發自內心地討厭你，那你無論如何示好，也不會將其態度改變，僅會讓自己成為他人眼中愛獻殷勤的傢伙。

不要指望獲得所有人的喜歡，僅需以平常心待人接物即可。

——《人性的，太人性的》

187

不要借助想像來逃避現實

不管你對自己或是現實世界有多麼不滿，希望你不要借助想像來逃避現實，更不要讓自己超越現實地活著。

你要牢記，所有的一切都產生於現實世界，不管是宗教，還是藝術，都是如此，甚至你也是如此。

——《哲學者的書》

188

世人的偏見

　　世間的人們早已在自己幽暗的心中將感情豐富的人、冷漠的人、賢明的人等進行了大致分類，並且認為這些人理應一直保持他們心目中的樣子。

　　所以，倘若被認定為賢明的人表現出了困惑或是猶豫不決的樣子，人們就會突然之間產生失落感，進而對其產生懷疑。

——《善惡的彼岸》

189

親身經歷最重要

不管你輕易得到的成果有多麼偉大，也不管你與自己的目標離得多麼近，此時只要你伸手去抓它，就意味著一切業已結束。

在你將目標抓住之前，你理應將自己的心智喚醒，原因是它們的成長只能靠你自己，而你要真正實現目標，也只有等到心智成熟的時候。

而且，為了讓心智獲得發展，我們必須經歷艱難、苦惱、貧乏、失意，並最終將其戰勝。我明白其中包含的艱辛。不過，正是由於你經歷了諸如此類的苦難，你才能獲得熠熠閃光的成果。

——《人性的，太人性的》

190

活在當下

你理應學會享受生活、享受當下，將自己的目光從那些可悲的自怨自艾上移開。

整個家庭會因為一個人的抑鬱而悶悶不樂，聚會和工作場所的情況亦是如此。

因此要盡可能地享受當下，幸福地生活，盡情地歡笑，全身心地投入這一瞬間，為自己和他人快樂地活著。

——《快樂的科學》

191

擁有自己的生活主張

想要一尾活魚，就一定要親自出門去釣。同理，倘若想擁有自己的主張，就一定要動腦思考，把想法轉化成語言。

會這麼做的人，遠勝買魚化石的人。那些僅想花錢買魚化石的人是懶於思考之人，他們只想把錢花在購買化石（即他人的意見）上。

他們將購得的意見當作個人主張，此類主張沒有生機與活力，更談不上變化。可嘆的是，此類人世上到處都是。

——《漂泊者及其影子》

192

無須為無聊的事而苦惱

熱和冷是一組反義詞，開朗和晦暗是一組反義詞，大和小是一組反義詞，這是一種使用相對概念的文字遊戲，不過千萬不要認為現實也是這樣。

例如，「熱」和「冷」這兩個字並不是對立的，僅僅是為了表現人們對某種現象感受的程度存在差異罷了。

倘若認為現實中處處對立，那麼生活中極小的麻煩就會成為困難與阻礙，極小的改變就會被放大成莫大的痛苦，原本單純地保持距離最終會造成疏遠與決裂。

絕大多數的煩惱都是由於認知失誤而產生的。

——《漂泊者及其影子》

193

勿被大多數人的判斷迷惑

　　人們總是輕視一眼就可以看明白的結構與道理，或是比較容易解釋的事物，卻對那些無法說清楚、曖昧不清的事物相當重視。

　　我們不能被他人的情緒所惑，進而做出錯誤的判斷。

——《人性的，太人性的》

194

最初印象與信任

那些讓人產生崇拜感的人，不管他們說什麼，他人都相當信服。

不過，倘若談話時詳細地敘述事情的依據和理由，反而會增加對方的不信任感。

總而言之，人們對他人最初印象的判斷都是相當草率的。

——《生成的無辜》

195

一邊計畫，一邊調整

一旦施行計畫，就一定會遭遇各種阻礙、困難、怨憤與幻滅，而逐一克服或是半途而廢是你僅有的兩種選擇。

那麼，到底該如何做呢？畢竟計畫永遠趕不上變化，倘若想愉快地實施計畫，唯一的做法就是一邊計畫，一邊調整。

——《建議與箴言》

196

威嚴感

　　請注意那些頂著誇張頭銜之人。他們始終穿著可以表明自己的職位或地位的衣服，擺出一副正直的模樣，做出那種氣度不凡的、有威嚴感的動作，煞有介事地參加相當多的會議或儀式，喜歡使用令人費解的、拐彎抹角的殷勤措辭，而且他們倘若感到一點反常就會馬上板起臉。

　　他們用此種方式將威嚴感顯示給他人看。

——《曙光》

197

人表現出威嚴感的原因是什麼

為什麼要表現出威嚴感呢？他們僅僅是想將一種威懾力傳達給其他人，從而讓人們對其所屬的組織以及其本人產生恐懼心理。他們正是借助此種陰險的手段來操縱眾人。

不過，他們之所以熱衷於製造此種威懾力，是由於自己膽小，換言之，是因為他們不曾真正具有令他人產生威嚴感的資本。

——《曙光》

198

敵人是命運最高的禮遇

倘若出現毫不留情的敵人，你就只好與之戰鬥。

正因為如此，你要高興地迎戰。原因是命運會站在你這一邊，它將這樣的敵人送給你，就是為了讓你取得勝利。

你正在接受命運最高的禮遇。

——《快樂的科學》

199

別人的道路不一定適合你

就算是閱讀了再多理論方面的書，將企業家、有錢人的處事方法了然於心，仍舊無法找到適合自己的方向。

這就如同相同的一劑藥，未必對所有人都適用。

同理，他人的做法不一定適用於自己。

——《偶像的黃昏》

200

人要與時俱進

熱烈的感情產生意見，讓主義、主張得以產生。

為了讓自己的觀點和主張得到他人的贊同，你一直局限於自己的意見、主義和主張，最終它們慢慢硬化，成為被稱為「信念」的東西。

有信念的人總被認為是偉大的，不過這些人僅僅在凝視著過去，他們的精神還停留在那時，不曾發生一點改變。可以說，其鬆弛的精神創造了信念。

那時的觀點究竟正確與否，一定要不斷地更新，從而在時代的更改中回溯、重建。

——《人性的，太人性的》

201

珍視人生的經歷

　　對一些人而言，旅行的意義就是在陌生的地方以完成行程為目的而四處遊蕩，或是將注意力放於購買紀念品上，又或是對異域風情進行觀察；而另一些人，則對旅行時發生的邂逅充滿期待。當然，他們清楚怎樣將旅行所得運用於自己的生活和工作中。

　　人生亦同理，如果每次的經驗都是走馬看花式地敷衍了事，人生就會變成不斷重複的過程。

　　那些清楚應該將經歷過的事運用於日後生活並開拓充實自己之人，才能真正地暢遊人生。

——《漂泊者及其影子》

202

不要讓占有欲征服你

　　占有欲將一些人完全束縛，使之成為自己的奴僕。於是，於人類而言，那些重要的東西，如豐饒的內心、精神的幸福、高潔的理想……都不復存在。

　　最終，他們就會成為除了錢以外別無他物之人。因此，當你快被占有欲征服時，務必多加小心。

　　　　　　　　　　　　　　　　——《漂泊者及其影子》

203

忘掉身外之物，我們會覺得更豐富

我們不妨試著想像一下，如果把這些東西，如金錢、家庭、土地、朋友、頭銜、工作、名譽、年齡、健康等全都拿走，會出現怎樣的情景。

那樣的話，我們還擁有什麼？

我們擁有的就只是他人無法拿走的真正的自己。

例如我們的感知、能力、意志、願望等，當然還有其他許多東西。

感覺如何？

是不是儘管那些身外之物全都被拿走了，可是相比從前，我們反而感覺更豐富了？

實際上，這些才是我們今後理應用心耕耘的肥沃土地。

——《人性的，太人性的》

204

愛自己的敵人

　　愛自己的敵人？我想人們已經澈底將此點學會了。當前，這種事情正不同程度地反覆發生著，已達到了成千上萬次，而且有時還會發生更崇高、更偉大的事情：我們學會了在愛的時候，並且是在愛得最深之時，對我們愛著的對象加以鄙視。不過這一切都在不知不覺之中發生，並不曾宣示，也不曾高調地張揚，有的僅僅是善意的愧疚和羞恥的遮掩。要知道，傲慢而自負地談論道德是被禁止的。這也是一種進步。

——《論道德的譜系》

205

用支配反抗被支配

支配有兩種：一種是在支配欲驅使下的支配，另一種是反抗他人支配而進行的反支配。

——《曙光》

206

接納批判的聲音

蘑菇對陰暗潮濕、通風不良之處情有獨鍾，於是在那裡生長、繁殖。

人類的組織和團體亦如此。倘若長期處於無法容納批判的聲音、極度封閉的空間中，腐敗與墮落的勢力一定會崛起、擴張。

批判並不是懷疑或是刁蠻的意見，批判就如同輕拂過臉的一陣風，儘管感覺冰涼，卻可以將邪惡細菌的繁殖抑制住，因此要接納批判的聲音。

——《人性的，太人性的》

207

倘若你與組織的想法不同，
不要認為不正常

　　比其他人想得多而深遠之人，不適合待在組織裡或加入派系。這是由於此類人會於不知不覺之中，超越組織與黨派利害，從而進行更深入、更廣泛的思考。

　　組織與派系將一個框架套在人們的思維上，那是一種如同將相當多的果實串在一起狀態，也如同那些讓成群的小魚游在一起的東西。

　　因此，如果你與組織的想法格格不入，也無須認為自己不正常。僅僅是由於你的思想已將組織這個狹隘的世界超越，達到了更廣闊的境界。

　　　　　　　　　　　　　　——《人性的，太人性的》

208

無須對孤獨感到恐懼

大部分人借助於社交或是和他人的交際，將自身的純粹性丟失了，隨後就會變得更加卑微。

所以，我們理應讓自己變得更加堅韌。不要輕易被他人的意見或人際關係所左右或薰染，理應保持住本我。

在此方面可以為我們提供幫助的是我們拋棄的純潔、勇敢和洞察力，我們可以在它們的幫助下在世間的洪流中保持獨立。

而且不要對孤獨感到恐懼，因為與其對它感到恐懼，不如好好地體會獨處的樂趣。

—— 《善惡的彼岸》

209

事物無分表裡

我們習慣把所見之物進行分類，這是由於我們擁有一定的思維模式。換言之，我們習慣將事物的基本形態從事物的本原中抽離出來。

不過，倘若我們不曾對這些事物進行人為的加工，而是坦蕩地觀察它，就會發現它們根本不存在所謂形式。

這是為什麼呢？原因是一切事物都無表裡之分，它們表裡相連，且不管是表還是裡，都不存在所謂基本形態。

——《哲學者的書》

210

成為超人

　　查拉圖斯特拉來到一個小鎮，此地與森林距離最近。此時，很多人正聚集在市場上等待觀察一個走繩索者的表演。

　　查拉圖斯特拉對眾人說：

　　「你們自己理應成為超人，人理應不斷地超越自己，這是發展的潮流，你們總不會希望自己重返獸類狀態吧？」

　　「雖然相當多的人經歷了由獸到人的過程，不過就其本質而言，他們仍舊是獸，就算是最聰明的，也僅僅是植物與鬼怪的混合體！因此我要教你們成為超人！做真正的人類！」

　　　　　　　　　　　　——《查拉圖斯特拉如是說》

211

超人即大地

超人即大地，因此你們要忠實於大地，不能輕信那些自認為可以將大地超越之人，不管他們是有意還是無意，他們都為有毒之人。他們已經病入膏肓，也令大地生厭，因此由他們去吧！從前褻瀆上帝是要受到重罰的，不過如今上帝已死，那就不存在此罪狀了。不過褻瀆大地的行為是與之同罪的！

——《查拉圖斯特拉如是說》

212

超人即大海

何為超人？超人即大海，它可以將他人的輕蔑和鄙視收納進來。

——《查拉圖斯特拉如是說》

213

幸與不幸，都是你存在的標誌

非同尋常的輕蔑就是真正偉大之事，你們經常會對自己的幸福、道德和理智感到厭惡。

也許你們會說，我們的幸福太稀鬆平常了，太貧乏、汙穢又自滿了。不過，這就是我存在的標誌啊！

—— 《查拉圖斯特拉如是說》

高寶書版集團
gobooks.com.tw

新視野 New Window 249

世界這麼大，不做自己要幹嘛？：尼采 200 個放飛自我的人生答案之書

作　　　者　尼采（Friedrich Wilhelm Nietzsche）
編　　　譯　李東旭
責任編輯　林子鈺
封面設計　黃馨儀
內頁排版　賴姵均
企　　　劃　鍾惠鈞

發 行 人　朱凱蕾
出　　　版　英屬維京群島商高寶國際有限公司台灣分公司
　　　　　　Global Group Holdings, Ltd.
地　　　址　台北市內湖區洲子街 88 號 3 樓
網　　　址　gobooks.com.tw
電　　　話　(02) 27992788
電　　　郵　readers@gobooks.com.tw（讀者服務部）
傳　　　真　出版部 (02) 27990909　行銷部 (02) 27993088
郵政劃撥　19394552
戶　　　名　英屬維京群島商高寶國際有限公司台灣分公司
發　　　行　英屬維京群島商高寶國際有限公司台灣分公司
初版日期　2022 年 10 月

原著作名：100 種活法：如何做自己
本書由文通天下授權中文繁體字版之出版發行
非經書面同意，不得以任何形式任意複製、轉載。

國家圖書館出版品預行編目 (CIP) 資料

世界這麼大，不做自己要幹嘛？: 尼采 200 個放飛
自我的人生答案之書 / 尼采 (Friedrich Wilhelm
Nietzsche) 著；李東旭編譯. -- 初版 . -- 臺北市：英屬
維京群島商高寶國際有限公司臺灣分公司，2022.10
　　面；　公分 . -- (新視野 249)

ISBN 978-986-506-549-2（平裝）

1. 尼采 (Nietzsche, Friedrich Wilhelm, 1844-1900);
2. 學術思想；3. 人生哲學

147.66　　　　　　　　　　　　　　111015952